رجْعةِ المدارِس

رائِد بدِر

Back to School

Levantine Arabic Reader – Book 4
(Jordanian Arabic)

by Raed Bader

lingualism

ISBN: 978-1-949650-46-4

Written by Raed Bader

Edited by Ahmed Younis and Matthew Aldrich

Cover art by Duc-Minh Vu

Audio by Eyad ElSaqqa

website: www.lingualism.com

email: contact@lingualism.com

Introduction

The **Levantine Arabic Readers** series aims to provide learners with much-needed exposure to authentic language. The books in the series are at a similar level (B1-B2) and can be read in any order. The stories are a fun and flexible tool for building vocabulary, improving language skills, and developing overall fluency. **This book is specifically Jordanian Arabic.**

The main text is presented on even-numbered pages with tashkeel (diacritics) to aid in reading, while parallel English translations on odd-numbered pages are there to help you better understand new words and idioms. A second version of the text is given at the back of the book, without the distraction of tashkeel and translations, for those who are up to the challenge.

New to this edition: the English translations have been revised for improved clarity and accuracy. Each story now also includes **20 comprehension questions** with example answers to help reinforce your understanding of the text. A **sequencing exercise** is provided as well, where you'll put ten key events from the story back in their correct order. These additions make the book even more useful for self-study, classroom use, or group discussions.

Visit www.lingualism.com/audio, to stream or download the free accompanying audio.

This book is also available in Modern Standard Arabic at www.lingualism.com/msar.

رجْعِةْ المدارِس

أنا فارِس عُمر. عُمْري ٣٨ سنِة. اِتْخرّجِت من كُلّيةْ الهنْدسِة في الجامْعة الأُرْدُنية، و بشْتغِل مُهندِس طُرُق في وِزارةْ الأشْغال العامِّة في عمّان.

مِتْزوِّج وعِندي سمر، بِنِت زيّ القمر. اِتْعرّفِت على مرتي حنان في الجامْعة. كانت بْتدْرُس مُحاسبِة في كُلّيةْ التِجارة. حنان هلأ بْتِشْتغِل مُراقِبة مالية في البنّك الأهْلي.

حَياتي روتينية، شُغُل، جيم، بيْت، وفي آخِر الأُسْبوع بطْلع مع مرتي وبِنْتي نْشِمّ هَوا. نْزور قرايِبْنا، وبْنِشْتري أغْراض البيْت.

وفي عُطْلِةْ الصّيْف بْنسافِر برّا أُسْبوع أَوْ أُسْبوعيْن. أنا وحنان وسمر بْنِسْتنّا هاي السّفرية طول السّنة على أحرّ مِن الجمِر.

سمر بِتْحِبّ البحر كْتير. بْتِلْعب في الرّمِل و بْتِبْني قُصور و قِلاع. أنا مِتْأكِّد إنُّها رح تِطْلع مُهنْدِسِة أشْطر مِنّي!

أنا وحنان بْنِتْشمّس، بْنِسْترْخي وبْنِقرأ الكُتُب اللي ما كان عِنّا وَقِت نِقْرأها وإحْنا في عمّان. لكِن هاد الصّيْف كان مُخْتلِف عن أيّ صيْف تاني.

Back to School

My name is Faris Omar. I'm 38 years old. I graduated from the Faculty of Engineering at the University of Jordan, and I work as a road engineer at the Ministry of Public Works in Amman.

I'm married and have a daughter, Samar—a girl as beautiful as the moon. I met my wife, Hanan, at university. She was studying accounting in the College of Business. Hanan now works as a financial auditor at the National Bank.

My life is routine—work, gym, home—and on weekends, I go out with my wife and daughter to get some fresh air. We visit relatives and do the grocery shopping.

During summer vacation, we travel abroad for a week or two. Hanan, Samar, and I look forward to this trip all year with great anticipation.

Samar loves the sea. She plays in the sand and builds castles and fortresses. I'm sure she's going to be an even better engineer than I am!

Hanan and I sunbathe, relax, and read the books we didn't have time to read back in Amman. But this summer was different from any other summer.

❖ ❖ ❖

قبِل عُطْلةْ الصّيْف بأُسْبوع صْحيت الصُّبِح على صوْت مرتي بِتْصحّيني مِن النّوْم.

"حبيبي، صباح الخيرْ! يَلّا قوم خُد دُش عشان تِفْطر."

"حبيبْتي كم السّاعة؟ لِسّه المنُبِّه ما رن."

"السّاعة ٦:٣٠. مِش اِتّفقْنا هاد الأُسْبوع إنّو إنْتَ اللي رح تْوَصِّل سمر لْلمدْرسِةِ عشان أنا بسّلِم شُغْلي لزْميلْتي اللي رح تْغطّي عنّي وإحْنا مْسافْرين؟"

"حاضِر، حاضِر حبيبْتي، يَلّا قايِم."

"رح ألبّس سمر و أحضّر الفِطور. بْنِسْتنّاك على السُّفْرة."

"يَلّا، رُبْع ساعة وبكون جاهِز."

أنا كُنْت ناسي إني أحُطّ المنُبِّه قبِل بْنُصّ ساعة مِن مَوْعِدي. يآ هالنُّصّ ساعة شو بْتِفْرِق. لِسّه نعْسان، بسّ أخدْت دُشّ و صحْصحِت ونْزِلِت أفْطر معْهُم.

"صباح الخيرْ يا أحْلى بنّوتِة في العالم."

ردّت سمر: "صباح الخيرْ بابا."

❖ ❖ ❖

A week before the summer vacation, I woke up in the morning to the sound of my wife waking me up.

"My love, good morning! Come on, get up and take a shower so you can have breakfast."

"My love, what time is it? The alarm hasn't even gone off yet."

"It's 6:30. Didn't we agree that this week you'd be the one taking Samar to school because I'm handing off my work to my colleague who'll be covering for me while we're traveling?"

"Okay, okay, sweetheart—I'm getting up."

"I'll get Samar dressed and prepare breakfast. We'll be waiting for you at the table."

"Alright, fifteen minutes and I'll be ready."

I had forgotten to set my alarm half an hour earlier than usual. That half hour makes a big difference. I was still sleepy, but I took a shower, woke up properly, and came down to have breakfast with them.

"Good morning to the sweetest girl in the world."

Samar replied, "Good morning, Daddy."

قالتْلي حنان: "ما في صباح الخيرْ يا أحْلى زَوْجِة في العالم؟"

وأنا ببوسْها على خدّْها قُلْتِلْها: "إنْتي أحْلى زَوْجِة في الكون كُلّو."

سألتْني حنان: "فارِس، مين رح يِسْتلِم مِنّك إدارِةْ مشْروع الأوتوسْتْراد الجْديد؟"

جاوَبْتْها: "وَلا حدا. خِلال إجازِتْنا رح يْكون في أعْمال هدِم لِمبْنى. اليوْم رايِح أزور المبْنى. وبعْدين رح أزور بابا لأِنّو الموْقع قريب مِن بيْت أهْلي."

قاطعتْنا سمر: "بابا، أنا عِنْدي اِمْتِحان لُغة عربية اليوْم."

"ودرسْتي كْوَيِّس؟"

"آه، و ماما راجعت معي بْيوت الشِّعِر المطْلوبِة مِنّا"

"يَلّا سمّْعيني، أنا بحِبّ الشِّعِر."

حنان سألتْني: "فارِس، أصُبِّلّك قهْوِة؟"

"آه حبيبْتي، لَوْ سمحْتي. قولي يا سمر الشِّعِر."

وَقفت سمر وهِيِّ بِتْحرّك إيدْها بْشغف وقالت: "قُم لِلمُعلِّمِ وَفِّهِ التّبْجيلا، كاد المُعلِّمُ أنْ يكونَ رسولا."[1]

[2:47]

Hanan said to me, "No good morning for the sweetest wife in the world?"

I kissed her on the cheek and said, "You're the sweetest wife in the whole universe."

Hanan asked me, "Faris, who's taking over the management of the new highway project from you?"

I answered, "No one. During our vacation, demolition work will be happening at a building. Today I'm going to visit the site. Then I'll visit Dad since it's near my parents' house."

Samar interrupted us: "Daddy, I have an Arabic exam today."

"And did you study well?"

"Yes, and Mommy reviewed the assigned poems with me."

"Alright, recite some for me—I love poetry."

Hanan asked me, "Faris, should I pour you some coffee?"

"Yes, sweetheart, please. Go ahead, Samar, let's hear the poem."

Samar stood up, moving her hand with passion, and said, "Stand for the teacher and show him reverence, The teacher is nearly a messenger."

---

[1] The poem is in Modern Standard Arabic.

"الله، ذكّرْتيني بْأيّام المدْرسِة. وعارْفة شو قصْد الشّاعِر؟"

"ماما قالتْلي قصْد الشّاعِر، إنّو لازِم نِحْترِم المِعْلِّم لِأنّو بيأدّي رِسالِة وبِخرِّج أجْيال."

"صحّ يا بابا[1]. أنا مِتْأكِّد إنِّك رح تْجيبي علامِة كامْلِة اليوْم في الامْتِحان. مِتْحمْسِة للْعُطْلِة؟"

"آه، كْتير!"

قالت حنان: "يَلّا كمْلوا فطورْكُم عشان تِلْحقوا توصلوا في المَوْعِد."

"حاضر. سمر، جيبي شنْطِتِك و أنا مِسْتنّيكي برّا في السّيّارة."

❖ ❖ ❖

رْكِبْت السّيّارة وشغّلْتْها. وبعِد دقيقْتيْن أجت سمر و رِكْبت وَرا في الكُرْسي الخلْفي وحطّت حْزام الأمان وقالتْلي "أنا جاهْزِة، بابا!"

اِتْحرّكْت بِالسَّيارة بْإتجاهْ مدْرسِةْ سمر. مدْرسِةْ سمر مدْرسِةْ لُغات خاصّة[2].

أنا اتْعلّمْت في مدْرسِة حُكومية قريبِة مِن بيْت أهْلى. كُنِت بروح مشي لِأنّو ما كان عِنّا سيّارة. كُلّ يوم نُصّ ساعة رايِح، نُصّ ساعة جاي. حرّ برْد أَوْ مطر ما بيهِمّ، كُلّ يوْم بروح المدْرسِة وكُنِت مِن المتُفوِّقين.

[4:05]

"Wow! You reminded me of my school days. And do you know what the poet meant?"

"Mommy told me he meant that we should respect teachers because they deliver a message and educate generations."

"That's right, sweetheart. I'm sure you'll get a perfect score on your exam today. Are you excited for the vacation?"

"Yes, a lot!"

Hanan said, "Alright, finish your breakfast so you can get there on time."

"Okay. Samar, grab your bag—I'll be waiting for you in the car."

❖   ❖   ❖

I got in the car and started it. Two minutes later, Samar came and got in the back seat, buckled her seatbelt, and said, "I'm ready, Daddy!"

I drove toward Samar's school. It's a private language school.

I studied in a public school near my parents' house. I used to walk there because we didn't have a car. Every day—half an hour there, half an hour back. Whether it was hot, cold, or raining, it didn't matter. I went to school every day and was one of the top students.

---

[1] يا بابا يا is a form of address used by a father to his child or vice versa.

[2] Many private (non-governmental) schools in Jordan offer their medium of instruction in English (or another foreign language).

اِتْذكّرِت قدّيْش كُنِت بحِبّ المدْرسِة. كُنِت بنام بدْري عِشان الوَقْت يمُرّ بْسُرعة و أصْحى أروح عالمدْرسِة تاني يوْم.

كان إلي صْحاب كْتير بسّ أكْتر حدا كُنْت أحِبّو مْعلّمِةْ التّاريخ، مِسّ وَفاء. لِسّه بتْذكّر كمّ كانت حنونِة و طَويلِةْ بال. هِيِّ كانت اللي بِتْنظّم رِحْلات المدْرسِة لِلأماكِن الأثرية، و لمّا اتْوَفّت ماما اِهْتمت فيّ كْتير، ووَقّفت جنْبي وخلّتني أحافظ على تفَوُّقي الدِّراسي. أنا ليْش ما كُنِت بسْأل عنْها كُلّ هالوَقِت؟ يا ترى كيف حالْها؟

"بابا، الإشارة خضْرا!"

"اه... معْلِشّ حبيبْتي، سرحِت. كُنِت عمّ بتْذكّر أيّام المدْرسِة."

"بابا، إنْتَ كُنِت شاطِر في المدْرسِة؟"

"آه، يا حبيبْتي. كُنْت الأوّل. وِلّا كيف طِلِع بابا مُهنْدِس يا سمّورة؟ عشان كان شاطِر في المدْرسِة."

"بابا، وِصِلْنا. وَقّف عِنْد البَوابِة الِكْبيرة لَوْ سمحْت."

"حاضِر، يَلّا يا بابا، اِنْزِلي على مهْلِك."

"باي باي!"

"مع السّلامة حبيبْتي."

[5:30]

I remembered how much I used to love school. I'd go to bed early just so time would pass quickly and I could wake up and go to school the next day.

I had many friends, but the person I loved the most was my history teacher, Miss Wafaa. I still remember how kind and patient she was. She used to organize our school trips to historical sites. When my mother passed away, she took care of me, stood by my side, and helped me stay on top of my studies. Why haven't I asked about her all this time? I wonder how she's doing.

"Daddy, the light is green!"

"Oh… sorry, sweetheart. I spaced out. I was remembering my school days."

"Daddy, were you a good student in school?"

"Yes, sweetheart. I was top of my class. How else did your daddy become an engineer, Sammoura? Because I was a good student."

"Daddy, we're here. Please stop by the big gate."

"Okay, go ahead, sweetheart. Take your time getting out."

"Bye-bye!"

"Goodbye, sweetheart."

❖ ❖ ❖

اِتْحرّكِت بْاِتِّجاهْ مكْتبي في الوِزارة عشان آخُد وَرق المبْنى اللي رح يْتِمّ إزالْتُو. وْصِلِت مكْتبي، وطلبِت مِن السِّكِرْتير فِنْجان قهْوِة سادِة ومِن غيرْ هيْل. أنا بحِبّ القهْوِة مِن غيرْ لا سُكّر وَلا هيْل. بحِبّ أدوق طعْم القهْوِة مِن غيرْ إضافات.

"صباح الخيرْ مُهنْدِس فارِس. تْفضّل قهْوِتك."

"صباح النّور، يِسْلموا إيديْك."

"مِش في العادِة تِشْرب قهْوِة الصُّبِح في المكْتب."

"اليوْم صاحي بدْري عن مَوْعِدي و بِدّي أصحْصِح."

"أجيب لحضِرْتك الأَوْراق تِتْطلّع عليْهُم قبِل ما نِطْلع الزِّيارة الميْدانية؟"

"لأ، هات معاك العِنْوان و التّصاريح، و إحْنا في الطّريق بتْطلّع عليْهُم."

راح السِّكِرْتيرْ ورِجِع معاه وَرقة وقالي:"مُهنْدِس فارِس، مُمْكِن اِتْوَقعلي على إجازْتي؟ قدّمِت على إجازِة بِنفْس تَوْقيت إجازْتك عشان إنْتَ مْسافِر، والشُّغُل في الأوْتوسْترْاد واقِف لَيْتِمّ إزالِةْ المباني، وبْنرِجع بِنفس الوَقِت على الشُّغُل."

[6:53]

❖ ❖ ❖

I headed toward my office at the ministry to pick up the paperwork for the building scheduled for demolition. I got to my office and asked the secretary for a plain cup of coffee, no cardamom. I like my coffee without sugar or cardamom. I like to taste the coffee without anything added.

"Good morning, Engineer Faris. Here's your coffee."

"Good morning, thank you very much."

"It's not like you to have coffee in the office this early."

"I'm up earlier than usual today and need to wake up properly."

"Should I bring you the documents to look over before we head out for the site visit?"

"No, just bring the address and the permits with you—we'll look over everything on the way."

The secretary left and came back with a paper and said: "Engineer Faris, could you sign off on my vacation request? I applied for leave at the same time as yours since you'll be traveling, and work on the highway project is paused until the buildings are demolished. We'll be back at the same time."

"كوّيس كْتير. إنْتَ عارِف إنيّ مِن غيرْك بضيع، وبسّ نِرْجع مِن الإجازةِ في شُغُل كْتير، وهيّ أحْلى تَوْقيع لأحْلى سِكِرْتير في الوِزارة".

"هدا مِن ذوْقك، شُكراً. إحْنا جاهْزين نِتْحرّك خِلال خمس دقايِق."

قبِل ما يِطْلع السِّكِرْتيرْ مِن المكْتب قُلْتِلو: "رح أسوق سيّارْتي وإنْتَ إرْكب معي، وخلّي سيّارْةْ الوَزارة تِلْحقْنا، عشان أعْطيك الأَوْراق مْوَقّعة لِأنيّ بعْد الزِّيارة رح أمُرّ على بابا في البيْت أتْطمّن عليْه."

ردّ عليّ وهو بيسكِّر الباب وَراه: "تمام، سيّارْةْ الوَزارة جاهْزِة."

شْرِبِت قهْوِتي و أخدِت شنْطِتي ونْزِلِت لقيْت السِّكِرْتير مِسْتنّي عِنْد السّيّارة فسألْتو: "إنْتَ عارِف عِنْوان المبْنى؟"

"آه، عارْفو."

"طيِّب خُد المفاتيح. إنْتَ سوق."

❖ ❖ ❖

اِتْحركْنا مِن الوِزارة بِاِتِّجاهْ المبْنى وفي الطّريق فتحْت الملفّ وكانت مُفاجأة كْبيرة لمّا شُفِت إسِم مدْرسْتي الابْتِدائية هُوِّ المبْنى اللي ماخِذ قرار إزالِة، مدْرسِةْ مُصْطفى التّل الابْتِدائية! كيف ما انْتبهِت مِن الأوّل؟ مُش عارِف ليْش اِرْتبكِت و حسّيْت بِشُعور غريب و قشْعر بدني.

"Very good. You know I'm lost without you—and once we're back from vacation, we'll have a lot of work waiting. Here's the best signature for the best secretary in the ministry."

"That's very kind of you, thank you. We'll be ready to head out in five minutes."

Before the secretary left the office, I said to him, "I'll drive my car—you ride with me—and let the ministry's car follow us. That way I can give you the signed documents, because after the visit I'll be stopping by my dad's house to check on him."

He replied as he closed the door behind him, "Alright, the ministry car is ready."

I drank my coffee, grabbed my bag, and went downstairs. I found the secretary waiting by the car and asked him, "Do you know the address of the building?"

"Yes, I know it."

"Alright, here—take the keys. You drive."

❖   ❖   ❖

We left the ministry heading toward the building. On the way, I opened the file—and I was shocked when I saw the name of my elementary school as the building scheduled for demolition: Mustafa Al-Tell Elementary School! How did I not notice that before? I don't know why, but I felt unsettled. A strange feeling washed over me, and I got goosebumps.

آخِر مرّة كُنت في المدْرسِة كان عُمْري ١٢ سنة، وبدل ما أرْجع أزورْها وأسْأل عن المِعْلّمين رايِح أحدِّد معاهُم مَوْعِد الإزالِة. إشي مُحْرِج، بسّ المدْرسِة قديمِة، و إشي كْوَيِّس يْنْقْلوها لمبْنى جْديد. لمّا أنا كُنت طالِب فيها كانت أثرية. كيف هلأّ بعْد أكْتر مِن ٢٥ سنة؟ حاوَلِت طَول الطّريق أقْنِع نفسي إنّو هدْم مبنى المدْرسِة مُبرّر و هُوِّ خُطْوة إيجابية... حتّى وْصِلْنا باب المدْرسِة.

نْزِلت مِن السّيّارة عِنْد باب المدْرسِة الحديد الأسْوَد. أنا مِتْأكِّد إنّو نفْس الباب بسّ شِكْلو مدْهون جْديد. وحاسِس إنّو صار أصْغر... أَوْ مُمْكِن أنا اللي كْبرِت؟ وسور المدْرسِة هو هو. ما اتْغيرّ، حجر قديم. فتحْلي الآذِن الباب و دخلِت. كُنت بتْذكّر إنّو المبْني الرّئيسي كان بْعيد عن البَوابِة. هلأّ المسافِة صارت أقْصر... وِلّا أنا طْوِلت؟

مْشيت لباب المدْرسِة الرّئيسي، شارِع صْغير مْبلّط بِالحجر، وعلى الجنْبيْن شجر، زتون، لمون، تين وتُفّاح. ريحِةْ الشّجر مع صوْت العصافير ذكّرتْني لمّا كُنّا نزْرع حديقةْ المدْرسِة. كُنّا نِزْرع شجر زيْتون. يا ترى أيّ شجرة اللي أنا زرعتْها مِن ٢٥ سنة. لِسّا عايْشة؟

[9:40]

The last time I was at that school, I was 12 years old. And now, instead of coming back to visit or ask about my old teachers, I'm coming to schedule its demolition. It felt embarrassing. But the school is old, and it's a good thing they're moving to a new building. Even when I was a student there, it felt ancient. What must it be like now after more than 25 years? I tried the whole way there to convince myself that tearing it down is justified—that it's a positive step... until we arrived at the school gate.

I got out of the car at the black iron gate of the school. I'm sure it's the same gate, just newly painted. It felt smaller now... or maybe I've just grown? And the school's stone wall is still the same—old stone, unchanged. The doorman opened the gate and let me in. I remembered that the main building used to be far from the gate. Now the distance seemed shorter... or maybe I've just gotten taller?

I walked toward the main school building along a small stone-paved path, lined with trees on both sides: olive, lemon, fig, and apple. The scent of the trees and the sound of the birds reminded me of when we used to plant the school garden. We used to plant olive trees. I wonder which one was the one I planted 25 years ago. Is it still alive?

❖ ❖ ❖

وْصِلِت المبْنى، واستقْبلني واحد مِن المْعلّمين. كان شِكْلو أصْغر مِنّي. المُدرِّسين كُلّهُم اِتْغيرّوا بسّ المدْرسِة زيّ ما هِيِّ، ما اتْغيرّ فيها إشي.

طلبِت مِن الأُسْتاذ: "مرْحبا! مُمْكِن أقابِل مُدير المدْرسِة؟"

ردّ عليّ الأستاذ: " قصْدك مُديرْة المدْرسِة. أكيد هِيِّ بْاِنْتِظارك، تْفضّل."

دخلِت على مكْتب الإدارة ولقيْت سِتّ خمْسينية، أنيقة، قاعْدة وَرا مكْتب مِن خشب البلّوْط ووَراها لَوْحة مرْسومِة بِالزّيْت، ونازِل مِن السّقف ترْيّا نْحاس أحْمر. غُرْفِةْ مكْتبْها كانت لَوْحة فنّية مِن زمن تاني، بِكُلّ تفاصيلها. الكراسي الخشب، المزْهريّات، السِجّاد وحتّى الشّبابيك والأبْواب. إشي رائع إنّهُم مْحافْظين على روْح المكان طول هالسّنين.

"اه... صباح الخيرْ. معلِشّ سرحِت في جمال مكْتبِك."

ردّت المُديرة: "صباح النّوْر. هاد مِن ذوْقك."

"أعرّفِك بْنفْسي. أنا المُهندِس فارِس عُمر مِن وِزارةْ الأشْغال العامّة."

"اِتْشرّفْنا. شو بِتْحِبّ تِشْرب مُهنْدِس فارِس؟"

"شاي مِن غيرْ سُكّر لَوْ سمحْتي."

❖   ❖   ❖

I reached the building, and one of the teachers welcomed me. He looked younger than me. All the teachers had changed, but the school itself hadn't changed a bit.

I asked the teacher, "Hello! Could I meet with the school principal?"

He replied, "You mean the principal *lady*. Of course—she's expecting you. This way, please."

I walked into the principal's office and found a well-dressed woman in her fifties sitting behind an oak desk, with an oil painting on the wall behind her and a copper chandelier hanging from the ceiling. Her office looked like a piece of art from another era, with every detail—the wooden chairs, the vases, the carpets, even the windows and doors. It was amazing how they had preserved the spirit of the place all these years.

"Uh... good morning. Sorry—I was lost in how beautiful your office is."

She replied, "Good morning. That's kind of you to say."

"Let me introduce myself. I'm Engineer Faris Omar from the Ministry of Public Works."

"Pleasure to meet you. What would you like to drink, Engineer Faris?"

"Tea, no sugar, please."

دخلت المُديرة في المَوْضوع على طول ومِن غيرْ مُقدِّمات. "إنْتَ جاي تْنسِّق معاي مَوْعِد الإخْلاء عشان الإزالِة، صحيح؟"

جاوَبْتْها بْكُلّ خجل: "ما كُنْت حابِب تْكون زِيارْتي للْمدْرسِة بعْد أكْتر مِن ٢٥ سنة عشان هاد المَوْضوع."

"إنْتَ كُنِت مِن طُلّاب هاي المدْرسِة؟"

ما اتْفاجئِت إنْها ما عِرْفتْني وعرّفِتْها بْنفْسي: "أنا كُنْت مِن طُلّابِك مِسّ وَفاء. أنا فارِس عُمر. كُنْتي دايْماً بِتْناديني أبو الفَوارِس."

"فارِس عُمر! مِش معْقول شو كْبرِت واِتْغيرّت! ما عْرِفْتك."

قامت مِسّ وَفاء من كُرْسيها وحضْنتْني. حسّيْت بِحنانْها وكإنيّ رْجِعِت طالِب مِن طُلّابْها.

قعدت مِسّ وَفاء على الكُرْسي إلّى جنْبي وقالت: "طمِّني عليْك. مِتْزوّج؟ عِنْدك أَوْلاد؟"

"الحمْدُ لِله، مِتْزوّج وعِندي سمر، عُمُرْها ١١ سنة."

"الله يْخلّيلك إِيّاهُم. وبابا كيف حالو؟"

[12:55]

The principal got straight to the point without any small talk. "You're here to coordinate the evacuation date for the demolition, right?"

I replied shyly, "I didn't want my first visit to the school in over 25 years to be because of this."

"You used to be a student at this school?"

I wasn't surprised she didn't recognize me, so I introduced myself: "I was one of your students, Miss Wafaa. I'm Faris Omar. You used to always call me Abu al-Fawaris."

"Faris Omar! I can't believe how much you've grown and changed! I didn't recognize you."

Miss Wafaa got up from her chair and gave me a hug. I felt her warmth—and it was like I was one of her students again.

She sat down in the chair next to me and said, "Tell me how you're doing. Are you married? Do you have kids?"

"Thank God, I'm married and have a daughter, Samar. She's 11 years old."

"May God protect them for you. And how's your father?"

"بابا كْوَيِّس كْتير. لِسّا ساكِن في البيْت القديم اللي جنْب المدْرسِة ومِش قابِل يِطْلع مِنّو. اِتْقاعد مِن وِزارةْ السِّياحة والآثار بسّ هو مبْسوط و لِسّا مْحافِظ على صِحّْتو و أناقْتو."

"والْدك اِتْحمّل مسْؤوليتك ومسْؤولية البيْت بعْد وْفاةْ الوالْدِة. رجُل مُحْترم."

"هاد من لُطْفِك. ااه... أنا جيت اليوْم عشان..."

وقبِل ما أكمِّل قاطعتْني المِسّ وَفاء وقالتْلي بِابْتِسامِة: "تعال قوم آخْذك جَوْلِة في مدْرسْتك. ما اشْتقْتِلها؟"

طْلِعْنا مِن المكْتب و بدينْا الجَوْلِة مِن حديقْةْ المدْرسِة. الأرْض عُشُب شِكْلو لِسّه مقْصوص جْديد. الحديقة كْبيرة، فيها شجر طَويل وقصير، زينة ومُثْمِر. كان الاِهْتِمام فيها واضِح جِداً.

وِقْفت مِسّ وَفاء عِند شجرةْ زتون وسألتْني: "مِتْذكّر يا فارِس هاي الشّجرة؟ إنْتَ وصْحابك زرعْتوها؟"

"طبْعاً مِتْذكّر! بسّ مِش مْصدِّق إنّو مُمْكِن تْكون هاي هِيِّ الشتْلِة اللي جِبْناها معانا مِن رِحْلِةْ عجْلون، كانت شتْلِةْ زتون صْغيرة."

[14:08]

"Dad is doing great. He still lives in the same old house next to the school and refuses to move out. He retired from the Ministry of Tourism and Antiquities, but he's happy, still healthy, and still sharp and well-dressed."

"Your father took on a big responsibility—caring for you and the household after your mother passed away. A true gentleman."

"That's very kind of you. Uh... I came today because..."

Before I could finish, Miss Wafaa interrupted me with a smile: "Come on, let me take you on a tour of your old school. Don't you miss it?"

We left the office and began the tour in the school garden. The grass looked freshly mowed. The garden was large, with tall and short trees, both decorative and fruit-bearing. You could tell it was very well cared for.

Miss Wafaa stopped at an olive tree and asked me, "Do you remember this tree, Faris? You and your friends planted it."

"Of course I remember! But I can't believe this could be the same little sapling we brought back with us from the Ajloun field trip. It was just a tiny olive tree."

"بِالظّبْط! هاي هِيِّ الشتْلِة. عُمُرْها هلّأ أكْتر مِن رُبْع قرِن، وكُلّ سنة بْتِطْرح زتون. عِنّا هون أكْتر مِن ٥٠ شجرِةْ زتون. هديك الشّجرة مثلاً عُمُرْها ١٠٠ سنة بِأقلّ تقْدير."

رنّ جرس الفُرصة وإحْنا بْنِحْكي، والطُلّاب طِلْعوا بْسُرْعة مِن الِصْفوف للحديقة. كان منْظر رائِع. اللي قعد ياكُل تحْت الشجر، اللي كان بْيِلْعب على العُشْب، و كانوا كُلُّهُم مبْسوطين و كإنُّهُم كانوا بيسْتنّوا اللّحظة اللي يْرِنّ فيها جرس الفُرْصة عشان يِطْلعوا على الحديقة، وكإنُّهُم مِشْتاقينلْها.

اِقْترحت مِسّ وَفاء نُدْخُل جُوّا المبْنى نْكمِّل جَوْلِتْنا بمِا إنّو الطُلّاب برّا، و فِعْلاً دخلْنا و أخدتْني على مكْتبْةْ المدْرسِة. المكْتبِة كانت عِبارة عن متْحف كُتُب. الرُّفوف مصْنوعة مِن خشب الوَرد و الأرْضية مِن الرُّخام الهِنْدي الأخْضر، والحيطان ملْيانِة براويز وصُوَر أُدباء و كُتاب.

وأنا بتْطلّع على الصُّوَر، قالتْلي مِسّ وَفاء: "هاي صورِةْ شاعِر الأُرْدُن عرار. عرار هُوِّ اللي افْتتح هاي المكْتبِة بعِد سنة مِن تأْسيس المدْرسِة، سنِةْ ١٩١٩. وهُوِّ كان أحد الأسْباب الرّئيسية لِترْميم هاد المبْنى و تحْويلو لمدْرسِة."

[15:24]

"Exactly! That's the one. Now it's over a quarter-century old, and it produces olives every year. We have more than 50 olive trees here. That one over there, for example, is at least 100 years old."

The recess bell rang while we were talking, and the students rushed out of their classrooms into the garden. It was a beautiful sight—some sat and ate under the trees, others played on the grass. They all looked so happy, as if they'd been waiting all morning for that bell to ring so they could go outside—as if they missed it.

Miss Wafaa suggested we head inside to continue the tour since the students were outside. So we did, and she took me to the school library. It felt like a book museum—rosewood shelves, green Indian marble floors, and walls filled with framed portraits of writers and poets.

As I was looking at the pictures, Miss Wafaa said to me, "That's a photo of Jordan's poet Arar. He inaugurated this library a year after the school was established, in 1919. He was one of the key reasons the building was restored and turned into a school."

"اتْذكّرِت. عشان هيْك سمّو المدْرسِة بْإسْمو، مُصْطفى وَهْبي التّل. عرار كان لقبو، الله يِرْحمو."

"تعال شوف يا فارِس، هاد الرّفّ كُلّو كِتابات عرار أَوْ كُتُب عنّو. المكْتبِة فيها آلآف الكُتُب، و فيها طبْعات أولى نادرِة."

علّقِت مِن غير ما أفكّر:" لازِم تكْونوا حريصين وإنْتو بْتْنْقُلوا الكُتُب على المبْنى الجْديد."

اِتْطلّعت عليّ مِسّ وَفاء بْنظْرة فيها عِتاب و حُزْن وقالت: " بمِا إنّك فتحْت المَوْضوع، تعال نُقْعُد في المكْتب ونِحْكي."

حسّيْت بإحْراج شِديد. يمْكِن ما كان الوَقِت مُناسِب، بسّ كان لازِم عاجِلاً أو آجِلاً نِفْتح المَوْضوع.

كُنِت بمْشي وَراها بِخطَوات بطيئة بفكِّر كيف أبرِّر مَوْقِفي مِن إزالة المبْنى. حسّيْت كإنّي طالِب عامِل ذنْب و رايِح غُرْفِة المُدير بيتْعاقب، وبفكِّر بمِخْرج.

بِكُلّ أدب و لُطف، طلبت مِنّي أقْعُد. "اِتْفضّل اُقْعُد. يا فارِس، أنا عارْفِة إنّو إنْتَ جِهة تنْفيذية، ومِن الواضِح جِداً إنّك ما كُنِت عارِف إنّو المبْنى اللي مِعْترِض الأوتوسْتْراد الجْديد هُوِّ مدْرسْتك الابْتِدائية."

[17:02]

"I remember. That's why they named the school after him—Mustafa Wahbi Al-Tal. Arar was his nickname. May he rest in peace."

"Come take a look, Faris—this entire shelf is dedicated to Arar's writings and books about him. The library holds thousands of books, including rare first editions."

I commented without thinking: "You'll need to be very careful when moving the books to the new building."

Miss Wafaa looked at me with a mix of disappointment and sadness and said, "Since you brought it up, let's go sit in the office and talk."

I felt deeply embarrassed. Maybe it wasn't the right moment, but sooner or later, the topic had to come up.

I walked behind her slowly, thinking about how I could justify my position on the school's demolition. I felt like a student who had done something wrong and was walking to the principal's office to get punished, trying to come up with an excuse.

Very politely and kindly, she asked me to sit down. "Please, have a seat. Faris, I know that you're from the implementing side, and it's very clear that you didn't know the building blocking the new highway was your old elementary school."

ردّيْت: "صحيح، عْرِفْت وأنا في الطّريق."

كمّلت كلامْها: "وأنا ما بِدّي ايّاك تْحِسّ بِأيّ حرج. إحْنا مِن اللّحْظة الأولى مِعْترِضين، وقدّمْنا اِلْتِماسات لَوِزارْة التّرْبِيِة والتّعْليم ولكِن 'لا حَياةَ لِمن تُنادي'[1]. أنا مُش مُهنْدِسةْ طُرُق بسّ أكيد في حلّ غيرْ الهدِم. ولكِن إنْتَ عارِف كيف الأُمور تُدار هون. بينفّْذوا بعْديْن بيخطّطوا."

حاوَلت أرُدّ عليْها، بسّ كمّلت كلامْها. وبْنبْرِةْ ثِقة مخْلوطة بْحُزُن قالتلي: "إحْنا ما رح نْضُبّ أغْراضْنا، و لا رح نِمْشي مِن هون، و بِدّْهُم يْهِدّوها؟ يْهِدّوها زيّ ما هِيّ وإحْنا فيها!"

قامت مِسّ وَفاء عِنْد شُبّاك مكْتبْها اللي بيطُلّ على الحديقة وسألتْني: "يا فارِس، حتّى لَوْ نقلْنا الكُتُب، كيف رح نُنْقُل الشّجر؟ كيْف رح نُنْقُل الحجر؟ القيمة المعْنوية لهاد المكان بْتِتْعدّى المادِّة." لفّت وِجِهْها عليّ و قالت بِسُخْرْية: "وبعْديْن الوَزارة ما قصّرت. أعْطونا أُسبوع كامِل مِن بعِد آخِر يوْم دَوام للطُّلّاب للإخْلاء. شو هالكرم!"

"أنا آسِف مِسّ وَفاء، بسّ ما بِاليَد حيلِة."

قرّبت مِنّي و حطّت إيدْها على كِتْفي وقالتْلي"لا تِتْأسّف يا أبو الفَوارِس. إنت بِتْنفِّذ الأَوامِر. خُد وَرقك معك. أنا ما رح أوَقِّع على إشي، و اللي الله كاتْبو بيصير."

[18:30]

I replied, "That's true—I found out on the way here."

She continued, "And I don't want you to feel any guilt. We've been objecting from the beginning and submitted petitions to the Ministry of Education, but 'there's no life in the one you're calling.' I'm not a civil engineer, but I'm sure there's a solution other than demolition. But you know how things work here—they execute first, then plan."

I tried to respond, but she kept talking. With a tone full of confidence yet tinged with sadness, she said, "We're not packing our things, and we're not leaving. If they want to demolish it, let them—while we're still inside!"

Miss Wafaa walked over to her office window overlooking the garden and asked me, "Faris, even if we move the books—how are we going to move the trees? How are we going to move the stone? The emotional value of this place goes far beyond the material." She turned her face toward me and added sarcastically, "And the ministry was generous enough to give us a whole week after the last day of classes to evacuate. How generous!"

"I'm sorry, Miss Wafaa, but there's nothing I can do."

She came closer, placed her hand on my shoulder, and said, "Don't be sorry, Abu al-Fawaris. You're just following orders. Take your papers. I'm not signing anything. What's meant to be will happen."

---

[1] This idiom is in Modern Standard Arabic.

شكرْتْها على الشّاي وعلى الجَوْلِة في المدْرسِة وطْلِعِت. لقيْت السِّكِرْتير برّا مع سَوّاق الوِزارة بيسْتنّوني. أعْطيْتو الأَوْراق وقُلْتِلو: " اِرْجعوا إنْتو على الوَزارة. رفضت المُديرة تْوَقِّع على الأَوْراق."

رْكِبِت سَيّارْتي وأنا بفكِّر بِكلام مِسّ وَفاء، وبعِد ما كُنِت خلص أقْنعِت نفْسي إنّو خُطْوِةْ هدْم المدْرسِة و نقِلْها لمكان جْديد هِيِّ الأفْضل، شُفْت المسْألِة مِن منْظور تاني تماماً. هاي المدْرسِة لا يمْكِن تِتْعوّض بِالانْتِقال لمبْنى جْديد لأِنّك بِبساطة ما رح تِقْدر تْنْقُل روْحْها.

❖ ❖ ❖

وَصلْت بيْت بابا، البيْت اللي انْوَلدِت، اِتْربّيْت وعِشِت فيه لغايِةْ ما اتْزوّجِت. هلاّ بسّ بدأِت أفْهم ليْش بابا مُش قابِل يُنْقُل على بيْت تاني أكْبر و أجْدد، لأِنّو بيحِبّ الرّوح المَوْجودِة في البيْت وفي الحارة. بيحِبّ الجيران، وبيحِبّ يُقْعُد مع صْحابو في القهْوِة اللي تحْت البيْت يِشْربوا شاي و يِلْعبوا شدِّة و طاوْلِة. فِعْلاً معاه حقّ، مُش رح أفْتح معاه مَوْضوع النّقِل مرّة تانْيِة.

[20:10]

I thanked her for the tea and the tour of the school and left. I found the secretary and the ministry driver waiting for me outside. I handed him the documents and said, "You guys go back to the ministry. The principal refused to sign."

I got into my car, thinking about what Miss Wafaa had said. After I had finally convinced myself that demolishing the school and moving to a new building was for the best, I saw the matter from a completely different perspective. This school cannot simply be replaced by a new building—because you can't move its *soul*.

❖ ❖ ❖

I arrived at my dad's house—the house where I was born, raised, and lived until I got married. Now, I finally understood why my dad refused to move to a bigger, newer house. He loves the *soul* of the home and the neighborhood. He loves the neighbors, loves sitting with his friends at the café under the building, drinking tea and playing cards and backgammon. Honestly, he's right. I won't bring up the topic of moving again.

بيْت بابا في الدّوْر التالِت ومِن غيرْ أصانْصير. طْلِعِت على الدّرج، وَصلِت الباب وأنا بلْهت. قبِل ما أرِنّ الجرس فتح بابا الباب وهو بيِضْحك وقالّي: "يا خْسارْةْ الجيم فيك! عْرِفت إنّك وْصِلت مِن صوْت نفسك. أنا بطْلع و بنْزِل الدّرج كُلّ يوْم خمس مرّات على الأقلّ وأنا ستّيني."

ضْحِكِت وقولْتلّو وأنا باخُد نفسي: "الله يَعْطيك الصِّحّة. خلص لازِم نْشوفْلك عروس."

ضِحِك بْصوت أعْلى وقالّي: "أتْجوّز عشان تْروح شْوَيِّةْ هالصِّحّة الباقْيِة؟! لا يا حبيبي أنا هْيك مبْسوط، حُرّ طليق." و سألْني: "ليْش اِتْأخّرت؟"

"بابا، أنا جوْعان. بحْكيلك على الغدا. شو طبخْت اليوْم؟"

"طبخْتِلّك المنْسف[1] اللي بِتْحِبّو."

حضّرْنا السُفْرة وقعدْنا ناكُل. بابا بْيِعْمل أحْلى منْسف. بيوَصّي على اللّبن الجميد مِن الكرك و على لحْم الخروف مِن إرْبِد. وهُوِّ دايْماً فخور بْمنْسفو. وبْصراحة معاه حقّ لأِنّو زاكي. نِفْسي مرتي حنان تِتْعلّم مِنو المنْسف بسّ ما بقْدر أقولْها لأِنْها رح تاخُد المَوْضوع شخْصي.

أكلْنا و قُلْتِلو القِصّة مِن الأوّل للْآخِر.

"بسّ هاد اللي أخّرْني، والمَوْضوع شاغِل تفْكيري."

[21:31]

Dad's apartment is on the third floor, and there's no elevator. I climbed the stairs and arrived at the door, panting. Before I could ring the bell, Dad opened the door, laughing, and said, "What a waste of all that time at the gym! I could tell you were here from your breathing. I go up and down these stairs at least five times a day—and I'm in my sixties!"

I laughed and said while catching my breath, "May God keep you strong. I think it's time we find you a bride."

He laughed louder and said, "Get married? So I can lose the last bit of health I have left? No, my dear—I'm happy like this. Free as a bird." Then he asked, "Why were you late?"

"Dad, I'm starving. I'll tell you over lunch. What did you cook today?"

"I made you mansaf—your favorite."

We set the table and sat down to eat. Dad makes the best *mansaf*. He orders the *jameed* yogurt from Karak and the lamb from Irbid. He's always proud of his *mansaf*. And honestly, he has every right to be—it's delicious. I wish my wife Hanan would learn to make *mansaf* from him, but I can't say that because she'd take it personally.

We ate, and I told him the whole story from beginning to end.

"That's what made me late, and the whole thing has been on my mind."

---

[1] مَنْسَف mansaf–the national dish of Jordan: lamb cooked in a sauce of fermented dried yogurt and served with rice.

ردّ عليّ بْكُلّ هُدوء وهو بيحرّك كاسِةْ الشّاي بِالمعْلقة وبِإبْتِسامِةْ الثِّقة تبعْتو: "وشو إلي إذا لقيْتلك حلّ؟"

"بابا، مُش وَقِت نُكت يا حبيبي. ما في حلّ إلّا إنّو الطّريق يمُرّ مِن هاي النُقْطة، جِسِر ما بينفع و نفق تكْلُفِة ما رح تِدْفعْها الدّوْلِة عشان تِنْقِذْ مدْرسِة مُمْكن إنْها بِبساطة تْنْقُلْها على مبْنى جْديد. الحلّ الوَحيد إنّا ناخُد مُهْلِة أطْوَل ونِقْنع مِسّ وَفاء إنْها تُنْقُل مُحْتَوَيات المدْرسِة."

جابْلي بابا كاسِةْ الشّاي وقعد جنْبي وقالّي بْكُلّ بساطة: "المبْني مُمْكِن ما يِنْهدّ بس برْضو ما رح يْكون مدْرسِة."

ردّيْت: "هاي مُش نُكْتِة. هاي حُزّيرة!"

"رح أقولّك قِصِّةْ مدْرسِةْ عرار وإنْتَ بْتِشْرب أحْلى كاسِةْ شاي بِالمرْمية مِن إيد أبو فارِس."

وكمّل كلامو: "المدْرسِة اتْأسّست سنِةْ ١٩١٨. الأرْض والمبْنى كانوا مَوْجودين بِالأصِل. كان قصِر كمال باشا العُثْماني، ولمّا العُثْمانِيّين طِلْعوا مِن الأُرْدُن، وَصّى كمال باشا الشّاعِر عرار إنّو هاد القصِر يْصير مدْرسِة كعمل خيرْ. وطلب مِن عرار إنّو يْسمّيها بْإسْمو. أسّس عرار المدْرسِة ومكْتبِتْها، ومِن عام ١٩٢١ صارت تحْت إشْراف وِزارِةْ التّرْبِيِة و التّعْليم."

[23:13]

He replied calmly while stirring his tea with a spoon and smiling with his usual confident grin: "What if I told you I had a solution?"

"Dad, this isn't the time for jokes. There's no solution—the road has to pass through that point. A bridge isn't feasible, and the state won't cover the cost of a tunnel just to save a school that can easily be moved to a new building. The only option is to ask for more time and convince Miss Wafaa to move the school's contents."

Dad handed me a cup of tea, sat beside me, and said simply, "Maybe the building won't be demolished—but it also won't remain a school."

I replied, "That's not a joke, that's a riddle!"

"I'll tell you the story of Arar School while you drink the best cup of sage tea ever—made by Abu Faris himself."

And he continued: "The school was established in 1918. The land and the building were already there—it was originally the palace of Ottoman Pasha Kamal. When the Ottomans left Jordan, Kamal Pasha entrusted the poet Arar with turning the palace into a school as a charitable act. He asked Arar to name the school after him. Arar founded the school and its library, and since 1921, it's been under the Ministry of Education's supervision."

”مُش فاهِم قصْدك. وِزارةْ التّرْبِيِة والتّعْليم وافقت على قرار الإزالِة.“

”طَوّل بالك عليّ يا فارِس، كمال باشا وِرِث القصِر عن جِدّو. هاد العقار اِنْبنى سنِةْ ١٧٥٠ كأقلّ تقْدير، يَعني عُمْرو أكْتر مِن قرْنيْن ونُصّ. بديْت تِفْهم قصْدي؟“

”قصْدك إنّو المبْنى أثري؟“

خبط بابا بْإيدو على الطّاوْلة و قال بْصوْت عالي: ”أخيراً وِصْلت المعْلومِة! هاد العقار لازِم يْكون تحِت إشْراف وِزارِةْ السِّياحة والآثار، مُش وِزارِةْ التّرْبِيِة و التّعْليم. والقانون بينُصّ على عدم المِساس بْأيّ مبْنى عُمْرو أكْتر مِن ميةْ سنِة إلّا بِالرُّجوع لوِزارةْ السِّياحة والآثار.“

سألْتو: ”وشو الخُطْوِة اللي لازِم نِعْملْها هلأ؟“

”بس لازِم نِنْتبِهْ إنّو إذا انْتقلِت الوِصايِة والإشْراف على المبْنى لَوِزارِةْ السِّياحة و الآثار، المدْرسِة ما رح تْضّل مدْرسِة، رح تْصير معْلم أثري.“

”هيْك بيكون ما عْملْنا إشي و رح يْنْقُلوا المدْرسِة للمبْنى الجْديد.“

”بسّ على الأقلّ بِنْكون أنْقذْنا المبْنى والحديقة مِن الإزالِة. وزيّ ما إنْتَ قُلِت، المُهِمّ روْح المكان.“

[24:50]

"I don't get your point. The Ministry of Education already approved the demolition."

"Hold on, Faris. Kamal Pasha inherited the palace from his grandfather. That building was constructed in 1750 at the earliest, meaning it's over two and a half centuries old. Starting to get my point?"

"You mean... the building is a historical landmark?"

Dad slapped his hand on the table and said loudly, "Finally, you got it! This property should be under the supervision of the Ministry of Tourism and Antiquities, not the Ministry of Education. And the law states that no building over a hundred years old can be altered without referring it to the Ministry of Tourism and Antiquities."

I asked him, "So what do we need to do now?"

"We just have to keep in mind that if oversight of the building is transferred to the Ministry of Tourism and Antiquities, it won't remain a school—it'll become a historical site."

"That means we won't have accomplished much—the school will still move to a new building."

"But at least we'll have saved the building and the garden from being destroyed. And like you said, what matters is the *soul* of the place."

"معاك حقّ. وكمّ يومِ مُمْكن الإجْراءات تاخُد؟ الوَقِت مُش في صالِحْنا."

"على حسب الأوراق المتُوَفّْرة، مُمْكِن أيّام أَوْ حتّى أسابيع."

"مفهوم، أنا بُكْرا الصُّبِح بدْري لازِم أروح أحْكي مع مِسّ وَفاء. تيجي معي، بابا؟"

"مُرّ عليّي الصُّبْح خُدْني."

"شُكْراً على المنْسف وعلى الفِكْرة الرّائِعة."

"عفْواً حبيبي. بشوفك بُكْرا، مع السّلامة!"

❖ ❖ ❖

طول الطّريق للبيْت وأنا بفكِّر بِالمكْتبِة والحديقة وبِكلامِ مِسّ وَفاء وبابا. معْقول يْكون في أمل، بسّ أنا عارِف إجْراءات الحُكومِة وبيروقْراطِيِّتْها. وأنا الأُسْبوع الجايّ مْسافِر إجازة مع عيْلْتي. رح يْكون معي وَقِت؟ وشو رح يْكون مَوْقِف مِسّ وَفاء؟ وأنا ليْش ماخِد المسْألِة بْشكِل شخْصي؟ هل عشان حنّيْت لمدرْسْتي؟ وِلّا اِحْتِرامي لمعْلِّمْتي؟ وِلّا شُعور بِالذّنْب إنّي جُزْء مِن المُشْكِلِة؟ أسْئِلِة كْتيرة. المُهِمّ أعْمِل اللي بيمْليه عليّ ضميري.

"You're right. And how long could the process take? Time's not on our side."

"Depending on the paperwork available, it could take a few days— or even weeks."

"Understood. I need to go talk to Miss Wafaa early tomorrow morning. Will you come with me, Dad?"

"Stop by in the morning and pick me up."

"Thanks for the *mansaf*—and for the brilliant idea."

"You're welcome, my dear. See you tomorrow. Take care!"

❖   ❖   ❖

All the way home, I kept thinking about the library, the garden, and what Miss Wafaa and Dad had said. Maybe there's still hope, but I know how the government works—with all its bureaucracy. And next week, I'm supposed to travel on vacation with my family. Will I have enough time? What will Miss Wafaa's stance be? And why am I taking this so personally? Is it because I'm nostalgic for my old school? Or my respect for my teacher? Or a sense of guilt for being part of the problem? So many questions. The important thing is to do what my conscience tells me is right.

وْصِلِت البيْت. كانت حنان مْحضّْرة العشا وسمر نايْمِة. قعدِت على السُفْرة مع حنان وقُلْتِلْها كُلّ اللي صار معي وعلى اللي ناوي أعْملو. كُنِت بِدّي أشوف ردّةْ فِعِلْها، وخْصوصاً إنّو مُمْكِن إذا الإجْراءات أخدت وَقِت طَويل نْأجِّل أَوْ حتّى نِلْغي الإجازة.

ردّةْ فِعِل حنان فاجأتْني. مسكت إيدي وقالتْلي: "فارِس، إحْنا اليوْم الصُّبْح كُنّا بِنْعلِّم بِنْتْنا سمر أهمّيةْ الِمْعلْمين ومكانِتْهُم، وإحْنا لازِم نْكون قُدْوِتْها. وهاي فُرْصة إلك تْرُدّ جُزْء مِن الجميل لمْعلِّمْتك ومدْرسْتك. وحتّى لَوْ ما نجحِت، بيكفّيك شرف المْحاوَلِة. أنا فخورة فيك حبيبي."

كلام حنان ريَّحْني. حسّيْت بِشْعور ما حسّيْتو مِن أيّام المدْرسِة، إنّي بِدّي أنام بدْري عشان يمُرّ الوَقْت بْسُرعة وأصْحى أروح على المدْرسِة. دخلْت على سمر، غطّيْتْها و بُسْتْها، وحضنِت حنان ونمِت وأنا مبْسوط.

❖ ❖ ❖

صْحيْت الصُّبْح قبِل ما يْرِنّ المنبِّهْ، اِتْحمّمِت ولْبِسِت. حضّرْت الفِطور، صحّيْت سمر وحنان مِن النّوْم وفْطِرْنا. وبعِد ما وَصّلِت سمر على المدْرسِة، رُحِت آخُد بابا مِن البيْت واِتّجهْنا للْمدْرسِة.

وَصلْنا المدْرسِة و دخلْنا مِن البَوابِة نْقابِل المْديرة. كان الطُّلّاب دخلوا الِصْفوف و مِسّ وَفاء واقْفة مع اِتْنيْن مِن الِمْعلْمين بْتِحْكي معْهُم.

[27:24]

I got home. Hanan had dinner ready, and Samar was asleep. I sat at the table with Hanan and told her everything that had happened and what I planned to do. I wanted to see her reaction, especially since if the paperwork took too long, we might have to delay or even cancel our vacation.

Hanan's reaction surprised me. She took my hand and said, "Faris, this morning we were teaching our daughter Samar the importance of teachers and their value—and now we need to set the example. This is your chance to give something back to your teacher and your school. Even if you don't succeed, trying is honorable enough. I'm proud of you, my love."

Hanan's words comforted me. I felt something I hadn't felt since my school days—that feeling of wanting to go to bed early so time would pass quickly and I could wake up and go to school. I went into Samar's room, tucked her in and kissed her goodnight. Then I hugged Hanan and went to sleep feeling content.

❖   ❖   ❖

I woke up before the alarm, took a shower, got dressed, made breakfast, woke Samar and Hanan up, and we had breakfast together. After dropping Samar off at school, I went to pick up Dad and we headed to the school.

We arrived and entered through the school gate to meet the principal. The students had already gone into their classrooms, and Miss Wafaa was standing with two teachers, speaking with them.

شافتْنا و قالت: "صباح الخيرْ فارِس، كيْف حالك؟"

ردّيْت: "صباح الخيرْ، الحمْدُ لِله بْخيرْ. بعْتذِر إنيّ جيت مِن غيْر مَوْعِد، بسّ بِدْنا مِن وَقْتِك نُصّ ساعة."

بِابْتِسامةِ قالتلي:" المدْرسةِ مدْرسْتك. بِتْشرِّف في أيّ وَقِت."

عرّفْتْها بِبابا: "مِسّ وَفاء، هْاد والْدي الأُسْتاذ عُمر. بابا، هاي مِسّ وَفاء مْعلِّمْتي."

بِكُلّ ترْحيب ردّت: "أهْلاً وَسهْلاً أبو فارِس. اِتْشرّفْنا."

"الشّرف إلي، مِسّ وَفاء. أنا ما بنْسى حِنّيتِك مع إبْني لمّا اتْوَفّت والِدْتو. ومبْسوط إنّو أجت الفُرْصة أشْكُرِك."

"العفو، فارِس خُصوصاً وكُلّ الطُّلّاب عُموماً أَوْلادي. تْفضّلوا نِحْكي في المكْتب. شو بِتْحِبّوا تِشْربوا؟" سألتْنا.

"قهْوِة سادة لَوْ سمحْتي." ردّ بابا.

"مِسّ وَفاء، عشان ما ناخُد مِن وَقْتِك كْتير، أنا مْبارِح شرحْت المَوْقِف لبابا مِن باب الفضْفضْة، ولكِن بِحُكُم شُغْلو سنَوات طَويلِة في وَزارةْ السِّياحة والآثار، كان عِنْدو حلّ. تْفضّل بابا، اِشْرحِلْها لَوْ سمحْت."

[29:04]

She saw us and said, "Good morning, Faris. How are you?"

I replied, "Good morning. I'm well, thank God. Sorry for coming without an appointment, but we just need about half an hour of your time."

She smiled and said, "This school is your school. You're welcome anytime."

I introduced her to my dad: "Miss Wafaa, this is my father, Mr. Omar. Dad, this is Miss Wafaa, my teacher."

She warmly replied, "Welcome, Abu Faris. It's a pleasure to meet you."

"The pleasure is mine, Miss Wafaa. I've never forgotten how kind you were to my son after his mother passed away. I'm glad I finally got the chance to thank you."

"You're very welcome. Faris was like a son to me—like all my students. Please, let's talk in the office. What would you like to drink?" she asked.

"Plain coffee, please," Dad replied.

"Miss Wafaa, so we don't take too much of your time, I told Dad about the situation yesterday just to vent, but because of his many years of experience at the Ministry of Tourism and Antiquities, he had a solution. Go ahead, Dad, please explain."

بدا بابا يِحْكي لمِسّ وَفاء بِالتّفْصيل الطّريقة اللي مُمْكِن فيها إنْقاذ المبْنى. وشرحِلْها بِكُلّ وُضوح إنّو هاي الخطْوِة لَوْ نجحت مُمْكِن تِنْقِد العقار مِن الإزالِة بسّ نقْل المدْرسِة للْمبْنى الجْديد حتْمي.

بعِد ما خلّص بابا و ردّ على كُلّ أسْئِلةْ مِسّ وَفاء، قالت: "أنا المُهِمّ عِنْدي إنّو المبْنى و الحديقة يْضلّوا زيّ ما هُمِّ."

فجْأة وبْكُلّ جُرْأة قال بابا: "مِسّ وَفاء، مُمْكِن آخُذ رقم موبايْلِك؟ لِأنّو في الأيّام الجايّ لازِم نْنسِّق جُهودْنا مع بعض."

كتبت رقمْها على وَرقة و ردّت: "أكيد أُسْتاذ عُمر، تْفضّل، هاي رقمي الخاصّ. بْتِقْدر تِتّصِل في أيّ وَقِت."

❖ ❖ ❖

وبعِد ما أخدْنا الأوراق والمُسْتندات اللازْمِة مِن مِسّ وَفاء، رُحْنا عشان نْقدِّمْها ونِمْشي بِالإجْراءات. وفِعْلاً قدمّناها وطلبوا مِنّا نِسْتنّى لغايِةْ ما يْصْدُر القرار.

مرّ اليّوْم الأوِّل والتّاني وما في أخْبار. في اليّوْم التّالِت وأنا في الشُّغُل، السِّكْرتيرْ جابْلي مْغلّف، فتحْتو وقرأْتو.

[30:19]

Dad started explaining to Miss Wafaa in detail how the building might be saved. He clearly laid out how, if this approach succeeded, the building could be spared from demolition—though the school itself would still be moved to a new building.

After he finished and answered all her questions, she said, "All I care about is that the building and garden stay as they are."

Suddenly, with boldness, Dad said, "Miss Wafaa, may I have your phone number? We'll need to coordinate closely in the coming days."

She wrote her number on a piece of paper and replied, "Of course, Mr. Omar. Here's my private number. Feel free to call anytime."

❖   ❖   ❖

After we took the necessary documents from Miss Wafaa, we went to submit them and initiate the process. We did just that—and were told to wait for a decision.

The first and second days passed with no news. On the third day, while I was at work, the secretary handed me an envelope. I opened it and read it.

نطّيْت مِن الكُرْسي مِن الفرْحة، واتّصلِت بِبابا فَوْراً: "ألوْ؟ بابا؟ وَصلتْنا رِسالِة بِوَقْف فوْري لأعْمال الإزالِة لِحين صُدور قرار مجْلِس الوُزراء."

"حكيْت لمِسّ وَفاء؟"

"لأ، إنْتَ معاك رقمْها، مِش أنا يا روْميو!"

"هه، طيّب هلأ رح أتّصِل بِجوليْيت... قصْدي وَفاء و أخبرِّها."

سكّرْت التّلِفوْن مع بابا وأنا بضْحك على خِفِّةْ دمّو ومُراهقْتو.

❖ ❖ ❖

في هاد الصّيْف، المدْرسِة ما انْهدّت، ووَزارِةْ الآثار أعْطت مُهْلِة خمس سنَوات لنقلْها.

وإحْنا عملْنا نفق مِن تحْتْها وكمّلْنا مشْروع الأوتوْسْتْراد. وبابا خطب مِسّ وَفاء، قصْدي ماما وَفاء.

أمّا سمر قاعْدة بْتِبْني قُصور وقِلاع بالرمِل. وحنان بْتِتْشمّس وبْتِقْرأ كْتاب. وأنا قاعِد جنْبْهُم تحْت الشّمْسية بكْتُب آخِر كِلْمِة في القِصّة:

النِّهايِة.

[31:37]

I jumped from my seat in joy and immediately called Dad: "Hello? Dad? We just got a notice for an immediate halt to demolition until the Cabinet issues a final decision!"

"Did you tell Miss Wafaa?"

"No, you have her number, not me—Romeo!"

"Haha! Alright, I'll call Juliet—I mean, Wafaa—and let her know."

I hung up laughing at Dad's humor and teenage-like spirit.

❖   ❖   ❖

That summer, the school wasn't demolished. The Ministry of Antiquities granted a five-year extension before the school is to be moved.

We built a tunnel underneath it and completed the highway project. And Dad got engaged to Miss Wafaa—I mean, Mom Wafaa.

Meanwhile, Samar is building castles and fortresses in the sand. Hanan is sunbathing and reading a book. And I'm sitting beside them under the umbrella, writing the final words of the story:

The End

Arabic Text without Tashkeel

For a more authentic reading challenge, read the story without the aid of diacritics (tashkeel) and the parallel English translation.

رجعة المدارس

أنا فارس عمر. عمري ٣٨ سنة. اتخرجت من كلية الهندسة في الجامعة الأردنية، و بشتغل مهندس طرق في وزارة الأشغال العامة في عمان.

متزوج وعندي سمر، بنت زي القمر. اتعرفت على مرتي حنان في الجامعة. كانت بتدرس محاسبة في كلية التجارة. حنان هلأ بتشتغل مراقبة مالية في البنك الأهلي.

حياتي روتينية، شغل، جيم، بيت، وفي آخر الأسبوع بطلع مع مرتي وبنتي نشم هوا. نزور قرايبنا، وبنشتري أغراض البيت.

وفي عطلة الصيف بنسافر برا أسبوع أو أسبوعين. أنا وحنان وسمر بنستنا هاي السفرية طول السنة على أحر من الجمر.

سمر بتحب البحر كتير. بتلعب في الرمل و بتبني قصور و قلاع. أنا متأكد إنها رح تطلع مهندسة أشطر مني!

أنا وحنان بنتشمس، بنسترخي وبنقرأ الكتب اللي ما كان عنا وقت نقرأها وإحنا في عمان. لكن هاد الصيف كان مختلف عن أي صيف تاني.

❖ ❖ ❖

قبل عطلة الصيف بأسبوع صحيت الصبح على صوت مرتي بتصحيني من النوم.

"حبيبي، صباح الخير! يلا قوم خد دش عشان تفطر."

"حبيبتي كم الساعة؟ لسه المنبه ما رن."

"الساعة ٦:٣٠. مش اتفقنا هاد الأسبوع إنو إنت اللي رح توصل سمر للمدرسة عشان أنا بسلم شغلي لزميلتي اللي رح تغطي عني وإحنا مسافرين؟"

"حاضر، حاضر حبيبتي، يلا قايم."

"رح ألبس سمر و أحضر الفطور. بنستناك على السفرة."

"يلا، ربع ساعة وبكون جاهز."

أنا كنت ناسي إني أحط المنبه قبل بنص ساعة من موعدي. يآ هالنص ساعة شو بتفرق. لسه نعسان، بس أخدت دش و صحصحت ونزلت أفطر معهم.

"صباح الخير يا أحلى بنوتة في العالم."

ردت سمر: "صباح الخير بابا."

قالتلي حنان: "ما في صباح الخير يا أحلى زوجة في العالم؟"

وأنا ببوسها على خدها قلتلها: "إنتي أحلى زوجة في الكون كلو."

سألتني حنان: "فارس، مين رح يستلم منك إدارة مشروع الأوتوستراد الجديد؟"

جاوبتها: "ولا حدا. خلال إجازتنا رح يكون في أعمال هدم لمبنى. اليوم رايح أزور المبنى. وبعدين رح أزور بابا لأنو الموقع قريب من بيت أهلي."

قاطعتنا سمر: "بابا، أنا عندي امتحان لغة عربية اليوم."

"ودرستي كويس؟"

"آه، و ماما راجعت معي بيوت الشعر المطلوبة منا"

"يلا سمعيني، أنا بحب الشعر."

حنان سألتني: "فارس، أصبلك قهوة؟"

"آه حبيبتي، لو سمحتي. قولي يا سمر الشعر."

وقفت سمر وهي بتحرك إيدها بشغف وقالت: "قم للمعلم وفه التبجيلا، كاد المعلم أن يكون رسولا."

"الله، ذكرتيني بأيام المدرسة. وعارفة شو قصد الشاعر؟"

"ماما قالتلي قصد الشاعر، إنو لازم نحترم المعلم لأنو بيأدي رسالة وبخرج أجيال."

"صح يا بابا. أنا متأكد إنك رح تجيبي علامة كاملة اليوم في الامتحان. متحمسة للعطلة؟"

"آه، كتير!"

قالت حنان: "يلا كملوا فطوركم عشان تلحقوا توصلوا في الموعد."

"حاضر. سمر، جيبي شنطتك و أنا مستنيكي برا في السيارة."

❖ ❖ ❖

ركبت السيارة وشغلتها. وبعد دقيقتين أجت سمر و ركبت ورا في الكرسي الخلفي وحطت حزام الأمان وقالتلي "أنا جاهزة، بابا!"

اتحركت بالسيارة بإتجاه مدرسة سمر. مدرسة سمر مدرسة لغات خاصة.

أنا اتعلمت في مدرسة حكومية قريبة من بيت أهلي. كنت بروح مشي لأنو ما كان عنا سيارة. كل يوم نص ساعة رايح، نص ساعة جاي. حر برد أو مطر ما بيهم، كل يوم بروح المدرسة وكنت من المتفوقين. اتذكرت قديش كنت بحب المدرسة. كنت بنام بدري عشان الوقت يمر بسرعة و أصحى أروح عالمدرسة تاني يوم.

كان إلي صحاب كتير بس أكتر حدا كنت أحبو معلمة التاريخ، مس وفاء. لسه بتذكر كم كانت حنونة و طويلة بال. هي كانت اللي بتنظم رحلات المدرسة للأماكن الأثرية، و لما اتوفت ماما اهتمت فيي كتير، ووقفت جنبي وخلتني أحافظ على تفوقي الدراسي. أنا ليش ما كنت بسأل عنها كل هالوقت؟ يا ترى كيف حالها؟

"بابا، الإشارة خضرا!"

"ااه... معلش حبيبتي، سرحت. كنت عم بتذكر أيام المدرسة."

"بابا، إنت كنت شاطر في المدرسة؟"

"آه، يا حبيبتي. كنت الأول. ولا كيف طلع بابا مهندس يا سمورة؟ عشان كان شاطر في المدرسة."

"بابا، وصلنا. وقف عند البوابة الكبيرة لو سمحت."

"حاضر، يلا يا بابا، انزلي على مهلك."

"باي باي!"

"مع السلامة حبيبتي."

❖   ❖   ❖

اتحركت بإتجاه مكتبي في الوزارة عشان آخد ورق المبنى اللي رح يتم إزالتو. وصلت مكتبي، وطلبت من السكرتير فنجان قهوة سادة ومن غير هيل. أنا بحب القهوة من غير لا سكر ولا هيل. بحب أدوق طعم القهوة من غير إضافات.

"صباح الخير مهندس فارس. تفضل قهوتك."

"صباح النور، يسلموا إيديك."

"مش في العادة تشرب قهوة الصبح في المكتب."

"اليوم صاحي بدري عن موعدي و بدي أصحصح."

"أجيب لحضرتك الأوراق تتطلع عليهم قبل ما نطلع الزيارة الميدانية؟"

"لأ، هات معاك العنوان و التصاريح، و إحنا في الطريق بتطلع عليهم."

راح السكرتير ورجع معاه ورقة وقالي:"مهندس فارس، ممكن اتوقعلي على إجازتي؟ قدمت على إجازة بنفس توقيت إجازتك عشان إنت مسافر، والشغل في الأوتوستراد واقف ليتم إزالة المباني، وبنرجع بنفس الوقت على الشغل."

"كويس كتير. إنت عارف إني من غيرك بضيع، وبس نرجع من الإجازة في شغل كتير، وهي أحلى توقيع لأحلى سكرتير في الوزارة".

"هدا من ذوقك، شكرا. إحنا جاهزين نتحرك خلال خمس دقايق."

قبل ما يطلع السكرتير من المكتب قلتلو: "رح أسوق سيارتي وإنت إركب معي، وخلي سيارة الوزارة تلحقنا، عشان أعطيك الأوراق موقعة لأني بعد الزيارة رح أمر على بابا في البيت أتطمن عليه."

رد علي وهو بيسكر الباب وراه: "تمام، سيارة الوزارة جاهزة."

شربت قهوتي و أخدت شنطتي ونزلت لقيت السكرتير مستني عند السيارة فسألتو: "إنت عارف عنوان المبنى؟"

"آه، عارفو."

"طيب خد المفاتيح. إنت سوق."

❖   ❖   ❖

اتحركنا من الوزارة باتجاه المبنى وفي الطريق فتحت الملف وكانت مفاجأة كبيرة لما شفت إسم مدرستي الابتدائية هو المبنى اللي ماخذ قرار إزالة، مدرسة مصطفى التل الابتدائية! كيف ما انتبهت من الأول؟ مش عارف ليش ارتبكت و حسيت بشعور غريب و قشعر بدني.

آخر مرة كنت في المدرسة كان عمري ١٢ سنة، وبدل ما أرجع أزورها وأسأل عن المعلمين رايح أحدد معاهم موعد الإزالة. إشي محرج، بس المدرسة قديمة، و إشي كويس ينقلوها لمبنى جديد. لما أنا كنت طالب فيها كانت أثرية. كيف هلأ بعد أكتر من ٢٥ سنة؟ حاولت طول الطريق أقنع نفسي إنو هدم مبنى المدرسة مبرر و هو خطوة إيجابية... حتى وصلنا باب المدرسة.

نزلت من السيارة عند باب المدرسة الحديد الأسود. أنا متأكد إنو نفس الباب بس شكلو مدهون جديد. وحاسس إنو صار أصغر... أو ممكن أنا اللي كبرت؟ وسور

المدرسة هو هو. ما اتغير، حجر قديم. فتحلي الآذن الباب و دخلت. كنت بتذكر إنو المبني الرئيسي كان بعيد عن البوابة. هلأ المسافة صارت أقصر... ولا أنا طولت؟

مشيت لباب المدرسة الرئيسي، شارع صغير مبلط بالحجر، وعلى الجنبين شجر، زتون، لمون، تين وتفاح. ريحة الشجر مع صوت العصافير ذكرتني لما كنا نزرع حديقة المدرسة. كنا نزرع شجر زيتون. يا ترى أي شجرة اللي أنا زرعتها من ٢٥ سنة. لسا عايشة؟

❖ ❖ ❖

وصلت المبنى، واستقبلني واحد من المعلمين. كان شكلو أصغر مني. المدرسين كلهم اتغيروا بس المدرسة زي ما هي، ما اتغير فيها إشي.

طلبت من الأستاذ: "مرحبا! ممكن أقابل مدير المدرسة؟"

رد علي الأستاذ: " قصدك مديرة المدرسة. أكيد هي بانتظارك، تفضل."

دخلت على مكتب الإدارة ولقيت ست خمسينية، أنيقة، قاعدة ورا مكتب من خشب البلوط ووراها لوحة مرسومة بالزيت، ونازل من السقف تريا نحاس أحمر. غرفة مكتبها كانت لوحة فنية من زمن تاني، بكل تفاصيلها. الكراسي الخشب، المزهريات، السجاد وحتى الشبابيك والأبواب. إشي رائع إنهم محافظين على روح المكان طول هالسنين.

"اااه... صباح الخير. معلش سرحت في جمال مكتبك."

ردت المديرة: "صباح النور. هاد من ذوقك."

"أعرفك بنفسي. أنا المهندس فارس عمر من وزارة الأشغال العامة."

"اتشرفنا. شو بتحب تشرب مهندس فارس؟"

"شاي من غير سكر لو سمحتي."

دخلت المديرة في الموضوع على طول ومن غير مقدمات. "إنت جاي تنسق معاي موعد الإخلاء عشان الإزالة، صحيح؟"

جاوبتها بكل خجل: "ما كنت حابب تكون زيارتي للمدرسة بعد أكتر من ٢٥ سنة عشان هاد الموضوع."

"إنت كنت من طلاب هاي المدرسة؟"

ما اتفاجئت إنها ما عرفتني وعرفتها بنفسي: "أنا كنت من طلابك مس وفاء. أنا فارس عمر. كنتي دايما بتناديني أبو الفوارس."

"فارس عمر! مش معقول شو كبرت واتغيرت! ما عرفتك."

قامت مس وفاء من كرسيها وحضنتني. حسيت بحنانها وكإني رجعت طالب من طلابها.

قعدت مس وفاء على الكرسي إلى جنبي وقالت: "طمني عليك. متزوج؟ عندك أولاد؟"

"الحمد لله، متزوج وعندي سمر، عمرها ١١ سنة."

"الله يخليلك اياهم. وبابا كيف حالو؟"

"بابا كويس كتير. لسا ساكن في البيت القديم اللي جنب المدرسة ومش قابل يطلع منو. اتقاعد من وزارة السياحة والآثار بس هو مبسوط و لسا محافظ على صحتو و أناقتو."

"والدك اتحمل مسؤوليتك ومسؤولية البيت بعد وفاة الوالدة. رجل محترم."

"هاد من لطفك. ااه... أنا جيت اليوم عشان..."

وقبل ما أكمل قاطعتني المس وفاء وقالتلي بابتسامة: "تعال قوم آخذك جولة في مدرستك. ما اشتقتلها؟"

طلعنا من المكتب و بدينا الجولة من حديقة المدرسة. الأرض عشب شكلو لسه مقصوص جديد. الحديقة كبيرة، فيها شجر طويل وقصير، زينة ومثمر. كان الاهتمام فيها واضح جدا.

وقفت مس وفاء عند شجرة زتون وسألتني: "متذكر يا فارس هاي الشجرة؟ إنت وصحابك زرعتوها؟"

"طبعا متذكر! بس مش مصدق إنو ممكن تكون هاي هي الشتلة اللي جبناها معانا من رحلة عجلون، كانت شتلة زتون صغيرة."

"بالظبط! هاي هي الشتلة. عمرها هلأ أكتر من ربع قرن، وكل سنة بتطرح زتون. عنا هون أكتر من ٥٠ شجرة زتون. هديك الشجرة مثلا عمرها ١٠٠ سنة بأقل تقدير."

رن جرس الفرصة وإحنا بنحكي، والطلاب طلعوا بسرعة من الصفوف للحديقة. كان منظر رائع. اللي قعد ياكل تحت الشجر، اللي كان بيلعب على العشب، و كانوا كلهم مبسوطين و كإنهم كانوا بيستنوا اللحظة اللي يرن فيها جرس الفرصة عشان يطلعوا على الحديقة، وكإنهم مشتاقينلها.

اقترحت مس وفاء ندخل جوا المبنى نكمل جولتنا بما إنو الطلاب برا، و فعلا دخلنا و أخدتني على مكتبة المدرسة. المكتبة كانت عبارة عن متحف كتب. الرفوف مصنوعة من خشب الورد و الأرضية من الرخام الهندي الأخضر، والحيطان مليانة براويز وصور أدباء و كتاب.

وأنا بتطلع على الصور، قالتلي مس وفاء: "هاي صورة شاعر الأردن عرار. عرار هو اللي افتتح هاي المكتبة بعد سنة من تأسيس المدرسة، سنة ١٩١٩. وهو كان أحد الأسباب الرئيسية لترميم هاد المبنى و تحويلو لمدرسة."

"اتذكرت. عشان هيك سمو المدرسة بإسمو، مصطفى وهبي التل. عرار كان لقبو، الله يرحمو."

"تعال شوف يا فارس، هاد الرف كلو كتابات عرار أو كتب عنو. المكتبة فيها آلآف الكتب، و فيها طبعات أولى نادرة."

علقت من غير ما أفكر:" لازم تكونوا حريصين وإنتو بتنقلوا الكتب على المبنى الجديد."

اتطلعت علي مس وفاء بنظرة فيها عتاب و حزن وقالت: " بما إنك فتحت الموضوع، تعال نقعد في المكتب ونحكي."

حسيت بإحراج شديد. يمكن ما كان الوقت مناسب، بس كان لازم عاجلا أو آجلا نفتح الموضوع.

كنت بمشي وراها بخطوات بطيئة بفكر كيف أبرر موقفي من إزالة المبنى. حسيت كإني طالب عامل ذنب و رايح غرفة المدير بيتعاقب، وبفكر بمخرج.

بكل أدب و لطف، طلبت مني أقعد. "اتفضل اقعد. يا فارس، أنا عارفة إنو إنت جهة تنفيذية، ومن الواضح جدا إنك ما كنت عارف إنو المبنى اللي معترض الأوتوستراد الجديد هو مدرستك الابتدائية."

رديت: "صحيح، عرفت وأنا في الطريق."

كملت كلامها: "وأنا ما بدي اياك تحس بأي حرج. إحنا من اللحظة الأولى معترضين، وقدمنا التماسات لوزارة التربية والتعليم ولكن 'لا حياة لمن تنادي'. أنا مش مهندسة طرق بس أكيد في حل غير الهدم. ولكن إنت عارف كيف الأمور تدار هون. بينفذوا بعدين بيخططوا."

حاولت أرد عليها، بس كملت كلامها. وبنبرة ثقة مخلوطة بحزن قالتلي: "إحنا ما رح نضب أغراضنا، و لا رح نمشي من هون، و بدهم يهدوها؟ يهدوها زي ما هي وإحنا فيها!"

قامت مس وفاء عند شباك مكتبها اللي بيطل على الحديقة وسألتني: "يا فارس، حتى لو نقلنا الكتب، كيف رح ننقل الشجر؟ كيف رح ننقل الحجر؟ القيمة المعنوية لهاد المكان بتتعدى المادة." لفت وجهها علي و قالت بسخرية: "وبعدين الوزارة ما قصرت. أعطونا أسبوع كامل من بعد آخر يوم دوام للطلاب للإخلاء. شو هالكرم!"

"أنا آسف مس وفاء، بس ما باليد حيلة."

قربت مني و حطت إيدها على كتفي وقالتلي"لا تتأسف يا أبو الفوارس. إنت بتنفذ الأوامر. خد ورقك معك. أنا ما رح أوقع على إشي، و اللي الله كاتبو بيصير."

شكرتها على الشاي وعلى الجولة في المدرسة وطلعت. لقيت السكرتير برا مع سواق الوزارة بيستنوني. أعطيتو الأوراق وقلتلو: " ارجعوا إنتو على الوزارة. رفضت المديرة توقع على الأوراق."

ركبت سيارتي وأنا بفكر بكلام مس وفاء، وبعد ما كنت خلص أقنعت نفسي إنو خطوة هدم المدرسة و نقلها لمكان جديد هي الأفضل، شفت المسألة من منظور تاني تماما. هاي المدرسة لا يمكن تتعوض بالانتقال لمبنى جديد لأنك ببساطة ما رح تقدر تنقل روحها.

❖ ❖ ❖

وصلت بيت بابا، البيت اللي انولدت، اتربيت وعشت فيه لغاية ما اتزوجت. هلأ بس بدأت أفهم ليش بابا مش قابل ينقل على بيت تاني أكبر و أجدد، لأنو بيحب الروح الموجودة في البيت وفي الحارة. بيحب الجيران، وبيحب يقعد مع صحابو في القهوة اللي تحت البيت يشربوا شاي و يلعبوا شدة و طاولة. فعلا معاه حق، مش رح أفتح معاه موضوع النقل مرة تانية.

بيت بابا في الدور التالت ومن غير أصانصير. طلعت على الدرج، وصلت الباب وأنا بلهت. قبل ما أرن الجرس فتح بابا الباب وهو بيضحك وقالي: "يا خسارة الجيم فيك! عرفت إنك وصلت من صوت نفسك. أنا بطلع و بنزل الدرج كل يوم خمس مرات على الأقل وأنا ستيني."

ضحكت وقولتلو وأنا باخد نفسي: "الله يعطيك الصحة. خلص لازم نشوفلك عروس."

ضحك بصوت أعلى وقالي: "أتجوز عشان تروح شوية هالصحة الباقية؟! لا يا حبيبي أنا هيك مبسوط، حر طليق." و سألني: "ليش اتأخرت؟"

"بابا، أنا جوعان. بحكيلك على الغدا. شو طبخت اليوم؟"

"طبختلك المنسف اللي بتحبو."

حضرنا السفرة وقعدنا ناكل. بابا بيعمل أحلى منسف. بيوصي على اللبن الجميد من الكرك و على لحم الخروف من إربد. وهو دايما فخور بمنسفو. وبصراحة معاه حق لأنو زاكي. نفسي مرتي حنان تتعلم منو المنسف بس ما بقدر أقولها لأنها رح تاخد الموضوع شخصي.

أكلنا و قلتلو القصة من الأول للآخر.

"بس هاد اللي أخرني، والموضوع شاغل تفكيري."

رد علي بكل هدوء وهو بيحرك كاسة الشاي بالمعلقة وبإبتسامة الثقة تبعتو: "وشو إلي إذا لقيتلك حل؟"

"بابا، مش وقت نكت يا حبيبي. ما في حل إلا إنو الطريق يمر من هاي النقطة، جسر ما بينفع و نفق تكلفة ما رح تدفعها الدولة عشان تنقذ مدرسة ممكن إنها ببساطة تنقلها على مبنى جديد. الحل الوحيد إنا ناخد مهلة أطول ونقنع مس وفاء إنها تنقل محتويات المدرسة."

جابلي بابا كاسة الشاي وقعد جنبي وقالي بكل بساطة: "المبني ممكن ما ينهد بس برضو ما رح يكون مدرسة."

رديت: "هاي مش نكتة. هاي حزيرة!"

"رح أقولك قصة مدرسة عرار وإنت بتشرب أحلى كاسة شاي بالمرمية من إيد أبو فارس."

وكمل كلامو: "المدرسة اتأسست سنة ١٩١٨. الأرض والمبنى كانوا موجودين بالأصل. كان قصر كمال باشا العثماني، ولما العثمانيين طلعوا من الأردن، وصى كمال باشا الشاعر عرار إنو هاد القصر يصير مدرسة كعمل خير. وطلب من عرار إنو يسميها

بإسمو. أسس عرار المدرسة ومكتبتها، ومن عام ١٩٢١ صارت تحت إشراف وزارة التربية و التعليم."

"مش فاهم قصدك. وزارة التربية والتعليم وافقت على قرار الإزالة."

"طول بالك علي يا فارس، كمال باشا ورث القصر عن جدو. هاد العقار انبنى سنة ١٧٥٠ كأقل تقدير، يعني عمرو أكتر من قرنين ونص. بديت تفهم قصدي؟"

"قصدك إنو المبنى أثري؟"

خبط بابا بإيدو على الطاولة و قال بصوت عالي: "أخيرا وصلت المعلومة! هاد العقار لازم يكون تحت إشراف وزارة السياحة والآثار، مش وزارة التربية و التعليم. والقانون بينص على عدم المساس بأي مبنى عمرو أكتر من مية سنة إلا بالرجوع لوزارة السياحة والآثار."

سألتو: "وشو الخطوة اللي لازم نعملها هلأ؟"

"بس لازم ننتبه إنو إذا انتقلت الوصاية والإشراف على المبنى لوزارة السياحة و الآثار، المدرسة ما رح تضل مدرسة، رح تصير معلم أثري."

"هيك بيكون ما عملنا إشي و رح ينقلوا المدرسة للمبنى الجديد."

"بس على الأقل بنكون أنقذنا المبنى والحديقة من الإزالة. وزي ما إنت قلت، المهم روح المكان."

"معاك حق. وكم يوم ممكن الإجراءات تاخد؟ الوقت مش في صالحنا."

"على حسب الأوراق المتوفرة، ممكن أيام أو حتى أسابيع."

"مفهوم، أنا بكرا الصبح بدري لازم أروح أحكي مع مس وفاء. تيجي معي، بابا؟"

"مر عليي الصبح خدني."

"شكرا على المنسف وعلى الفكرة الرائعة."

"عفوا حبيبي. بشوفك بكرا، مع السلامة!"

طول الطريق للبيت وأنا بفكر بالمكتبة والحديقة وبكلام مس وفاء وبابا. معقول يكون في أمل، بس أنا عارف إجراءات الحكومة وبيروقراطيتها. وأنا الأسبوع الجاي مسافر إجازة مع عيلتي. رح يكون معي وقت؟ وشو رح يكون موقف مس وفاء؟ وأنا ليش ماخد المسألة بشكل شخصي؟ هل عشان حنيت لمدرستي؟ ولا احترامي لمعلمتي؟ ولا شعور بالذنب إني جزء من المشكلة؟ أسئلة كتيرة. المهم أعمل اللي بيمليه علي ضميري.

وصلت البيت. كانت حنان محضرة العشا وسمر نايمة. قعدت على السفرة مع حنان وقلتلها كل اللي صار معي وعلى اللي ناوي أعملو. كنت بدي أشوف ردة فعلها، وخصوصا إنو ممكن إذا الإجراءات أخدت وقت طويل نأجل أو حتى نلغي الإجازة.

ردة فعل حنان فاجأتني. مسكت إيدي وقالتلي: "فارس، إحنا اليوم الصبح كنا بنعلم بنتنا سمر أهمية المعلمين ومكانتهم، وإحنا لازم نكون قدوتها. وهاي فرصة إلك ترد جزء من الجميل لمعلمتك ومدرستك. وحتى لو ما نجحت، بيكفيك شرف المحاولة. أنا فخورة فيك حبيبي."

كلام حنان ريحني. حسيت بشعور ما حسيتو من أيام المدرسة، إني بدي أنام بدري عشان يمر الوقت بسرعة وأصحى أروح على المدرسة. دخلت على سمر، غطيتها و بستها، وحضنت حنان ونمت وأنا مبسوط.

❖ ❖ ❖

صحيت الصبح قبل ما يرن المنبه، اتحممت ولبست. حضرت الفطور، صحيت سمر وحنان من النوم وفطرنا. وبعد ما وصلت سمر على المدرسة، رحت آخد بابا من البيت واتجهنا للمدرسة.

وصلنا المدرسة و دخلنا من البوابة نقابل المديرة. كان الطلاب دخلوا الصفوف و مس وفاء واقفة مع اتنين من المعلمين بتحكي معهم.

شافتنا و قالت: "صباح الخير فارس، كيف حالك؟"

رديت: "صباح الخير، الحمد لله بخير. بعتذر إني جيت من غير موعد، بس بدنا من وقتك نص ساعة."

بابتسامة قالتلي:" المدرسة مدرستك. بتشرف في أي وقت."

عرفتها ببابا: "مس وفاء، هاد والدي الأستاذ عمر. بابا، هاي مس وفاء معلمتي."

بكل ترحيب ردت: "أهلا وسهلا أبو فارس. اتشرفنا."

"الشرف إلي، مس وفاء. أنا ما بنسى حنيتك مع إبني لما اتوفت والدتو. ومبسوط إنو أجت الفرصة أشكرك."

"العفو، فارس خصوصا وكل الطلاب عموما أولادي. تفضلوا نحكي في المكتب. شو بتحبوا تشربوا؟" سألتنا.

"قهوة سادة لو سمحتي." رد بابا.

"مس وفاء، عشان ما ناخد من وقتك كتير، أنا مبارح شرحت الموقف لبابا من باب الفضفضة، ولكن بحكم شغلو سنوات طويلة في وزارة السياحة والآثار، كان عندو حل. تفضل بابا، اشرحلها لو سمحت."

بدا بابا يحكي لمس وفاء بالتفصيل الطريقة اللي ممكن فيها إنقاذ المبنى. وشرحلها بكل وضوح إنو هاي الخطوة لو نجحت ممكن تنقد العقار من الإزالة بس نقل المدرسة للمبنى الجديد حتمي.

بعد ما خلص بابا و رد على كل أسئلة مس وفاء، قالت: "أنا المهم عندي إنو المبنى و الحديقة يضلوا زي ما هم."

فجأة وبكل جرأة قال بابا: "مس وفاء، ممكن آخد رقم موبايلك؟ لأنو في الأيام الجاي لازم ننسق جهودنا مع بعض."

كتبت رقمها على ورقة و ردت: "أكيد أستاذ عمر، تفضل، هاي رقمي الخاص. بتقدر تتصل في أي وقت."

❖ ❖ ❖

وبعد ما أخدنا الأوراق والمستندات اللازمة من مس وفاء، رحنا عشان نقدمها ونمشي بالإجراءات. وفعلا قدمناها وطلبوا منا نستنى لغاية ما يصدر القرار.

مر اليوم الأول والتاني وما في أخبار. في اليوم التالت وأنا في الشغل، السكرتير جابلي مغلف، فتحتو وقرأتو.

نطيت من الكرسي من الفرحة، واتصلت ببابا فورا: "ألو؟ بابا؟ وصلتنا رسالة بوقف فوري لأعمال الإزالة لحين صدور قرار مجلس الوزراء."

"حكيت لمس وفاء؟"

"لأ، إنت معاك رقمها، مش أنا يا روميو!"

"هو، طيب هلأ رح أتصل بجولييت... قصدي وفاء و أخبرها."

سكرت التلفون مع بابا وأنا بضحك على خفة دمو ومراهقتو.

❖ ❖ ❖

في هاد الصيف، المدرسة ما انهدت، ووزارة الآثار أعطت مهلة خمس سنوات لنقلها.

وإحنا عملنا نفق من تحتها وكملنا مشروع الأوتوستراد. وبابا خطب مس وفاء، قصدي ماما وفاء.

أما سمر قاعدة بتبني قصور وقلاع بالرمل. وحنان بتتشمس وبتقرأ كتاب. وأنا قاعد جنبهم تحت الشمسية بكتب آخر كلمة في القصة:

النهاية.

Comprehension Questions

1. شو وَظيفة فارِس؟
2. قدّيْش عُمِر بِنْتو سمر وشو مادّةْ الاِمْتِحان تبعْها؟
3. ليش مِسّ وَفاء رفْضت تْوَقِّع على أوراق الإزالةِ؟
4. شو كان المبْنى قبِل ما يْصير مدْرسةِ؟
5. مين أسّس المدْرسةِ والمكْتبةِ؟
6. شو حسّ فارِس لمّا شاف بَوّابةْ مدْرسْتو القديمةِ؟
7. شو الحقيقة التّاريخية اللي أبو فارِس كشفْها عن المبْنى؟
8. شو الحلّ اللي لاقوه عشان يِحْموا المبْنى؟
9. كيف كانت ردِّةْ فِعِل حنان على رغْبةْ فارِس في إنْقاذ المدْرسةِ؟
10. شو كان روتين فارِس الصُّبح في بِدايةْ القِصّة؟
11. كيف مِسّ وَفاء أثّرت على حياة فارِس لمّا كان طالِب؟
12. شو صار لإمّ فارِس لمّا كان صْغير؟
13. شو لاحظ فارِس في حديقةْ المدْرسةِ؟
14. شو كان مْميّز في مكْتب مِسّ وَفاء؟
15. قدّيْش وِزارةْ الآثار أعْطت مُهْلةِ لنقِل المدْرسةِ؟
16. كيف فارِس بيحِبّ قهْوته؟
17. شو كانت وظيفة أبو فارِس قبِل ما يتْقاعد؟
18. شو التّطوّر العاطِفي المُفاجئ اللي صار في نِهايةْ القِصّة؟
19. وين المشْهد الأخير مِن القِصّة؟
20. شو الحلّ الوسط اللي توصّلولو بْخُصوص مشْروع الأوتوسْتْراد؟

1. What is Faris's occupation?

2. How old is his daughter Samar and what subject does she have a test in?

3. Why did Miss Wafa initially refuse to sign the demolition papers?

4. What was the original purpose of the school building before it became a school?

5. Who founded the school and its library?

6. How did Faris feel when he first saw his old school gate?

7. What history-related discovery did Faris's father reveal about the building?

8. What solution was found to save the building?

9. How did Faris's wife Hanan react to his desire to help save the school?

10. What was Faris's morning routine described at the beginning of the story?

11. How did Miss Wafa affect Faris's life when he was a student?

12. What happened to Faris's mother when he was young?

13. What details did Faris notice about the school garden?

14. What was special about Miss Wafa's office?

15. How many years did the Ministry of Antiquities give for moving the school?

16. What type of coffee does Faris prefer?

17. What was Faris's father's occupation before retirement?

18. What unexpected romantic development occurred at the end of the story?

19. Where is the story's final scene set?

20. What compromise was reached regarding the highway project?

Answers to the Comprehension Questions

1. مُهنْدِس طرُق في وزارةْ الأشْغال العامِّة.
2. عُمُرْها ١١ سنِة وعِنْدها امْتِحان لُغة عربية.
3. عشان تْحافِظ على المبْنى التّاريخي والحديقة.
4. كان قصِر عُثْماني تابِع لكمال باشا.
5. الشّاعِر عرار (مُصْطفى وَهْبي التّل).
6. حسّ إنّْها صارت أصْغر مِن ما بيتْذكّر ولاحظ إنّْها مدْهونة جْديد.
7. إنّو عُمِر المبْنى أكْتر مِن ٢٥٠ سنة وبيعْتبر موْقع تاريخي.
8. تسْجيلو كمبْنى تاريخي تحِت وِزارةْ السِّياحة والآثار.
9. كانت داعْمِة وفخورة فيه لِأنّو حاول يْحافِظ على مدْرسْتو القديمة.
10. صِحِي بدْري، اِتْحمّم، حضّر الفْطور، وَصّل سمر على المدْرسِة.
11. اِهْتمّت فيه و سنادته بعِد ما توفّت إمّو.
12. توفّت وهُوِّ طالِب في المدْرسِة.
13. لاحظ شجر الزّتون واللّمون والتّين والتُّفّاح، وتْذكّر لمّا كانوا يِزْرعوا شجر.
14. فيه مكْتب مِن خشب البلّوط، لَوْحات زيْتية، ثْريّا نْحاس، ومْحافِظ على طابعو التّاريخي.
15. خمس سْنين.
16. بيحِبّها مِن غير سُكّر وهيل.
17. كان بِشْتغِل في وِزارةْ السِّياحة والآثار.
18. أبو فارِس ومِسّ وَفاء خِطْبوا.
19. على البحر في إجازةْ العيلة.
20. بنوا نفق تحِت المدْرسِة بدل ما يِهْدوها.

1. He is a road engineer at the Ministry of Public Works.
2. She is 11 years old and has an Arabic language test.
3. She wanted to preserve the school's historical building and garden.
4. It was an Ottoman palace belonging to Kamal Pasha.
5. The poet Arar (Mustafa Wahbi Al-Tal) founded both.
6. He felt it looked smaller than he remembered and noticed it had been recently painted.
7. The building was over 250 years old and qualified as a historical site.
8. Registering it as a historical building under the Ministry of Tourism and Antiquities.
9. She was supportive and proud of him for trying to preserve his old school.
10. He woke up early, showered, prepared breakfast, and took Samar to school.
11. She showed him special care and support after his mother passed away.
12. She passed away during his school years.
13. He noticed olive, lemon, fig and apple trees, and remembered planting trees there.
14. It had an oak desk, oil paintings, copper chandelier, and preserved historical character.
15. Five years.
16. He likes coffee without sugar or cardamom.
17. He worked at the Ministry of Tourism and Antiquities.
18. Faris's father and Miss Wafa became engaged.
19. At the beach during their family vacation.
20. They built a tunnel under the school instead of demolishing it.

Summary

Read the scrambled summary of the story below. Write the correct number (1–10) in the blank next to each event to show the proper sequence.

___ حطّوا خِطّة لإنْقاذ المبْنى عن طريق تسْجيلو كمَوْقع تاريخي تحِت وِزارةْ السِّياحة والآثار.

___ خِلال زيارْتو، رجِع تْذكّر أيّام المدْرسِة ودعِم مِسّ وَفاء إلو بعِد وفاة إمّو.

___ أبو فارِس، المتْقاعِد مِن الآثار، كشف إنّو المبْنى أصْلو قصِر عُثْماني عُمْرو ٢٥٠ سنة.

___ لمّا زار المَوْقع، اِكْتشف إنّْها مدْرسْتو الاِبْتِدائية اللي درس فيها وهُوِّ صْغير.

___ صارت قِصّةْ حُبّ ما كانت مِتْوقّعة بين أبو فارِس ومِسّ وَفاء، والعيلة بتقْضي إجازتْها على البحر.

___ المُهنْدِسين لاقوا حلّ يِبْنوا نفق تحِت المدْرسِة.

___ فارِس عُمر، مُهنْدِس طُرُق عُمْرو ٣٨ سنِة، مطْلوب مِنّو يْنسِّق هدِم مدْرسِة عشان مشْروع أوتوسْتْراد.

___ مُديرةْ المدْرسِة، مِسّ وَفاء، اللي كانت مْعلِّمْتو، رفْضت تْوَقِّع على أوراق الإزالِة.

___ الوِزارة وقّفت الإزالِة وبعْدين أعْطت مُهْلِة خمس سْنين لنقِل المدْرسِة.

___ حنان، مرت فارِس، دعمت جْهودو في الحِفاظ على المدْرسِة، حتّى لَوْ معْناها تأجيل إجازتْهُم.

Key to the Summary

6 They devise a plan to save the building by registering it as a historical site under the Ministry of Tourism and Antiquities.

4 During his visit, Faris reconnects with memories of his school days and Miss Wafa's support after his mother's death.

5 Faris's father, a retired antiquities official, reveals the building is actually a 250-year-old Ottoman palace.

2 Upon visiting the site, he discovers it's his old elementary school where he studied as a child.

10 An unexpected romance blossoms between Faris's father and Miss Wafa, while the family enjoys their beach vacation.

9 Engineers devise a solution to build a tunnel under the school for the highway project.

1 Faris Omar, a 38-year-old road engineer, must coordinate the demolition of a school building for a highway project.

3 The school principal, Miss Wafa, who was his former teacher, refuses to sign the demolition papers.

8 The Ministry halts the demolition and later grants a five-year period to relocate the school.

7 Faris's wife Hanan supports his efforts to preserve the school, even if it means delaying their vacation.

Levantine Arabic Readers Series

www.lingualism.com/lar

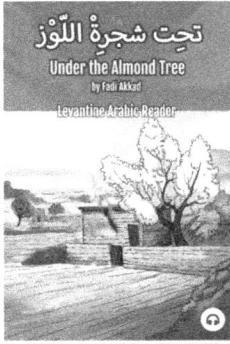

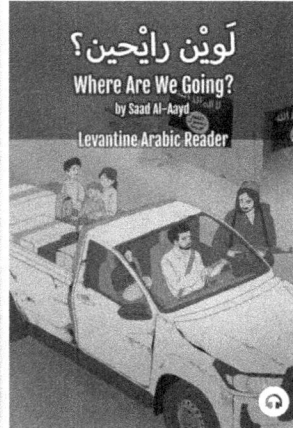

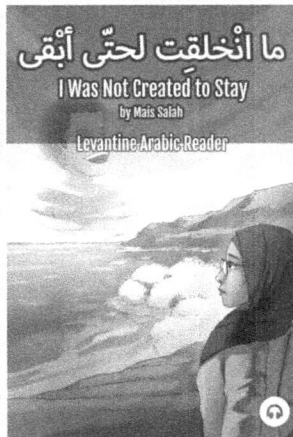

تحتِ شجرةِ اللّوْز
Under the Almond Tree
by Fadi Akkad
Levantine Arabic Reader
Levantine Arabic Reader
اللي بيزْرع بيحْصُد
Where There's a Will
by Ahmed Younis
لَويْن رايْحين؟
Where Are We Going?
by Saad Al-Aayd
Levantine Arabic Reader
البتْرا
Petra
by Raed Bader
Levantine Arabic Reader
ما انْخلقت لحتّى أبْقى
I Was Not Created to Stay
by Mais Salah
Levantine Arabic Reader
وَرقةِ اليانصيب
The Lottery Ticket
by Serj D.
Levantine Arabic Reader
قدّيش حقّ السّمك؟
How Much is the Fish?
خليل و الأكْوان المتعدّدة
Khalil and the Multiverse
شابّ طموح
An Ambitious Young Man
عمّي العزيز جاسم
Levantine Arabic Reader
جرّةْ الفلّاح
The Farmer's Jar
by Mona Noureddine
رجْعةْ المدارِس
Back to School
by Raed Bader
Levantine Arabic Reader
Levantine Arabic Reader
حَياةْ فاطْمة
Fatimah's Life
by Israa Ramadan